Jonas und das Geheimnis der sprechenden Tiere

meinen lieben Kindern

Stefan März

Jonas und das Geheimnis der sprechenden Tiere

Kinderbuch

Impressum

Bibliografische Information der Deutschen Nationalbibliothek:
Die Deutsche Nationalbibliothek verzeichnet diese Publikation in der Deutschen
Nationalbibliografie; detaillierte bibliografische Daten sind im Internet über http://dnb.dnb.de
abrufbar.

Bildnachweis (Umschlag, S. 11, 15, 25, 32, 38): Canva (https://www.canva.com)

© 2024 Stefan März

Verlag: BoD • Books on Demand GmbH, In de Tarpen 42, 22848 Norderstedt
Druck: Libri Plureos GmbH, Friedensallee 273, 22763 Hamburg

ISBN: 978-3-8334-9396-6

Ein Sommer voller Abenteuer

Der Sommer hatte begonnen, und die Sonne strahlte vom Himmel. Die drei Brüder Jonas, Anton und Niklas saßen im Auto, das langsam durch die kurvenreiche Straße zum Haus ihrer Tante Anna fuhr. Heute war ein ganz besonderer Tag – sie würden den Sommer bei ihr verbringen, am Rande eines großen Dschungels.

Die Kinder waren aufgeregt. Tante Anna war eine mittelalte Frau mit einem immer fröhlichen Lächeln. Ihre gute Laune schien wie ein Sonnenstrahl, der die ganze Umgebung erhellte. Als das Auto vor dem Haus hielt, sprang Tante Anna aus der Tür und winkte ihnen zu. „Willkommen, meine Lieben!"

„Tante Anna!" riefen die Kinder begeistert und stiegen aus dem Auto. Tante Anna umarmte jeden von ihnen fest und herzlich. „Oh, wie schön, euch zu sehen!"

Das Haus war charmant und gemütlich, umgeben von buntem Garten und üppigem Grün. „Das ist euer neues Zuhause für die nächsten Wochen," erklärte Tante Anna, während sie die Kinder ins Haus führte. Die Innenräume waren hell und einladend, mit vielen bunten Möbeln und Spielmöglichkeiten.

„Wow, schaut euch das an!" sagte Anton, als er den Garten sah. Dort gab es eine Schaukel, ein Trampolin und einen kleinen Teich, in dem Frösche quakten.

„Das ist alles für euch," sagte Tante Anna lächelnd. „Und gleich hinter dem Garten beginnt der Dschungel. Ich dachte, wir könnten morgen gemeinsam hineingehen und die Umgebung erkunden."

Die Brüder waren begeistert. „Das klingt toll!" rief Jonas. „Ich kann es kaum erwarten, den Dschungel zu erkunden."

Am Abend, als die Sonne langsam unterging, saßen die Kinder auf der Veranda und blickten in den Dschungel, der im Dämmerlicht geheimnisvoll wirkte. „Ich habe gehört, dass der Dschungel viele Abenteuer bereithält," sagte Niklas.

„Ich hoffe, wir entdecken etwas Spannendes," fügte Anton hinzu.

Mit diesen aufregenden Gedanken gingen sie schlafen, bereit für die Abenteuer, die der Dschungel am nächsten Tag für sie bereithalten würde.

***

Der geheimnisvolle Dschungel

Am nächsten Morgen, nach einem ausgiebigen Frühstück, packten Anton, Jonas und Niklas ihre Rucksäcke für eine Dschungel-Erkundung. Tante Anna schloss ihnen noch einen Kompass und eine Karte des Dschungels an.

„Der Dschungel ist riesig," erklärte Tante Anna, „aber mit diesen Sachen finden wir uns gut zurecht."

Die Kinder nickten aufgeregt und folgten Tante Anna in den grünen Dschungel. Die Sonne schien durch die Bäume und schickte bunte Lichtstrahlen auf den Boden. Über ihnen hörten sie das fröhliche Zwitschern der Vögel.

„Wow, schaut euch diese Pflanzen an!" rief Jonas, als sie an riesigen, bunten Blumen vorbeikamen.

„Und die Lianen!" ergänzte Anton, der versuchte, sich an einer Liane wie Tarzan festzuhalten.

„Lasst uns zu diesem großen Baum dort drüben gehen," schlug Niklas vor, als sie eine riesige, alte Eiche entdeckten. „Vielleicht gibt es dort etwas Interessantes zu entdecken."

Tante Anna führte die Kinder zu dem Baum. Unter seinen Wurzeln bemerkten sie eine kleine, teilweise versteckte Kiste. Sie war mit Moos und Erde bedeckt. Neugierig schaufelten sie den Dreck beiseite.

„Seht mal, was wir gefunden haben!" rief Anton aufgeregt, als die Kiste vollständig sichtbar wurde. Sie war alt und schmuckvoll verziert.

Mit vereinten Kräften öffneten die Kinder die Kiste. Darin lag ein wunderschönes, silbernes Amulett, das im Sonnenlicht funkelte. Das Amulett hatte in der Mitte einen kleinen, leuchtenden Edelstein.

„Das sieht aus wie ein Schatz," sagte Niklas beeindruckt. „Was könnte das bedeuten?"

Tante Anna betrachtete das Amulett und lächelte geheimnisvoll. „Das ist ein guter Fund. Vielleicht ist es der Schlüssel zu einem neuen Abenteuer."

Die Kinder nahmen das Amulett vorsichtig an sich und machten sich auf den Rückweg zu Tante Annas Haus. Sie waren gespannt, welche Geheimnisse das Amulett ihnen noch offenbaren würde.

„Das war ein toller Tag," sagte Jonas glücklich. „Ich kann es kaum erwarten, was als Nächstes kommt."

Mit dem Amulett in der Tasche und dem Gefühl, etwas ganz Besonderes entdeckt zu haben, gingen die Brüder nach Hause, bereit für die kommenden Abenteuer.

***

Die Entdeckung des Amuletts

Am nächsten Morgen erwachten die Brüder früh und waren aufgeregt, mehr über das geheimnisvolle Amulett zu erfahren. Die Sonne schien bereits durch die Fenster ihres Zimmers und tauchte den Raum in ein warmes Licht.

„Lasst uns das Amulett untersuchen," sagte Anton, als er die anderen Brüder weckte. „Vielleicht entdecken wir, was es bewirken kann."

„Gute Idee," stimmte Jonas zu. „Ich bin gespannt, ob es irgendwelche Hinweise oder Geheimnisse gibt."

Die Brüder setzten sich an den Tisch in der Küche, wo Tante Anna bereits das Frühstück vorbereitet hatte. Die strahlende Tante bemerkte das Amulett und lächelte geheimnisvoll. „Das sieht nach etwas Besonderem aus," sagte sie. „Habt ihr schon herausgefunden, was es bewirken kann?"

„Noch nicht," antwortete Niklas. „Wir dachten, wir sollten es uns genauer ansehen."

Tante Anna nickte und brachte eine kleine Schachtel voller Lupen. „Vielleicht hilft es euch, wenn ihr das Amulett genau betrachtet."

Mit viel Geduld und Interesse untersuchten die Brüder das Amulett. Es war ein wunderschönes Schmuckstück, das in sanften, schimmernden Farben leuchtete. In der Mitte des

Amuletts war ein kleiner, eingebetteter Edelstein, der in verschiedenen Farben funkelte, wenn man ihn bewegte.

„Da scheint etwas eingraviert zu sein," sagte Jonas, als er die Lupe benutzte. „Aber es ist sehr klein und schwer zu erkennen."

„Lasst mich sehen," sagte Tante Anna und nahm das Amulett in die Hand. Sie schielte durch die Lupe und lächelte. „Es sieht aus, als ob es in einer alten Schrift verfasst ist. Vielleicht können wir es entschlüsseln."

Mit Tante Annas Hilfe gelang es den Brüdern schließlich, die Inschrift zu entziffern. Es war ein kurzer, rätselhafter Text:

„Durch den Dschungel, der niemals schläft,
findet den Pfad, den der Mond beleuchtet.
Wo der Glanz des Sterns euch hinführt,
liegt der Schlüssel zum nächsten Abenteuer."

„Das klingt nach einer Schatzsuche," sagte Anton begeistert. „Wir müssen den Pfad finden, den der Mond beleuchtet."

„Genau," stimmte Niklas zu. „Wir sollten uns auf den Weg machen, bevor es dunkel wird. Der Mondschein wird uns den Weg weisen."

Nachdem sie sich für das Abenteuer vorbereitet hatten, packten die Brüder einige wichtige Dinge ein: Wasserflaschen, eine Taschenlampe und das Amulett. Tante

Anna verabschiedete sie mit einem herzlichen Kuss auf die Wange und wünschte ihnen viel Glück.

„Achtet auf die Zeichen des Dschungels," rief sie ihnen nach. „Und vor allem – habt Spaß und bleibt sicher."

Die Brüder machten sich auf den Weg in den Dschungel, der bereits in den sanften Farben des späten Nachmittags getaucht war. Der Pfad, den sie nahmen, war von der untergehenden Sonne beleuchtet und schien sie zu einem geheimnisvollen Ziel zu führen.

„Lasst uns einen Platz suchen, von dem aus wir den Mond gut sehen können," schlug Jonas vor. „Dann können wir warten, bis es dunkel wird."

Sie fanden eine kleine Lichtung, die eine klare Sicht auf den Himmel bot. Während sie warteten, schauten sie neugierig zum Himmel hinauf und beobachteten, wie die ersten Sterne erschienen.

„Der Mond wird bald aufgehen," sagte Niklas und überprüfte das Amulett. „Ich hoffe, es führt uns zu etwas Interessantem."

Als der Mond schließlich aufging und sein silbernes Licht über den Dschungel goss, begannen die Brüder, den Boden und die Umgebung nach Hinweisen abzusuchen. Der Mondschein schien auf eine bestimmte Richtung zu leuchten, und die Brüder folgten diesem Lichtstrahl, der sich wie ein glitzernder Pfad durch den Dschungel schlängelte.

„Seht euch das an," sagte Anton und zeigte auf einen leuchtenden, silbernen Pfad, der vor ihnen auf dem Boden erschien. „Das muss der Weg sein, den der Mond uns zeigt."

Die Brüder folgten dem leuchtenden Pfad, der sie tiefer in den Dschungel führte. Der Pfad wendete sich um große Bäume, überquerten kleine Bäche und führte sie schließlich zu einer alten, verwitterten Statue, die von Moos und Lianen überwachsen war.

„Was ist das?" fragte Jonas und betrachtete die Statue neugierig. „Es sieht aus wie ein alter Wächter des Dschungels."

„Vielleicht ist das der Ort, den der Mond uns gezeigt hat," sagte Niklas.

Sie untersuchten die Statue und entdeckten ein verstecktes Fach im Sockel. In dem Fach lag ein kleiner, verzierten Schlüssel, der im Mondlicht glänzte.

„Das muss der Schlüssel zum nächsten Abenteuer sein,“ sagte Anton und nahm den Schlüssel vorsichtig heraus. „Wir sollten ihn mitnehmen und sehen, wohin er uns führt.“

Mit dem Schlüssel in der Hand machten sich die Brüder auf den Rückweg zu Tante Anna, um von ihrem Fund zu berichten. Der Dschungel war im Mondlicht besonders magisch, und die Brüder waren aufgeregt, was als Nächstes auf sie wartete.

***

Das Geheimnis des Schlüssels

Der nächste Morgen brach an, und die Kinder waren schon früh wach. Der kleine goldene Schlüssel, den sie am Vortag gefunden hatten, lag neben ihrem Bett und funkelte geheimnisvoll im Sonnenlicht.

„Was denkst du, was dieser Schlüssel öffnen könnte?" fragte Anton, während er den Schlüssel betrachtete.

„Vielleicht gibt es irgendwo im Dschungel eine geheime Tür oder eine versteckte Kiste," antwortete Niklas. „Wir sollten die Karte noch einmal ansehen und herausfinden, ob es markierte Orte gibt, die wir bisher nicht erkundet haben."

Mit der Karte in der Hand und dem Schlüssel in der Tasche machten sich die Brüder und Tante Anna auf den Weg. Der Dschungel war schon früh am Morgen lebendig, und die Geräusche der Natur waren überall zu hören. Sie gingen den bekannten Pfad entlang, der sie zu den markierten Orten führte.

„Hier auf der Karte gibt es noch einen Ort, den wir nicht besucht haben," sagte Niklas und deutete auf einen Bereich, der mit einem geheimnisvollen Symbol gekennzeichnet war. „Das sieht aus wie eine alte Ruine."

„Eine Ruine klingt spannend," sagte Jonas. „Vielleicht finden wir dort etwas, das zum Schlüssel passt."

Nach einer Weile erreichten sie eine verlassene Ruine, die von der Natur fast vollständig überwuchert war. Die alten

Steine waren von Moos bedeckt, und die Wände waren teilweise eingestürzt.

„Lasst uns vorsichtig sein,“ sagte Tante Anna, als sie die Ruine betraten. „Es könnte dort drinnen etwas geben, das gefährlich ist.“

Die Brüder gingen vorsichtig durch die Ruine, suchten nach Hinweisen und entdeckten schließlich eine alte, verrostete Tür, die halb verdeckt von Efeu und Lianen war.

„Das sieht aus wie ein guter Ort, um den Schlüssel auszuprobieren,“ sagte Jonas.

Er steckte den Schlüssel ins Schloss und drehte ihn langsam. Ein leises Knacken ertönte, als das Schloss aufging. Die Tür öffnete sich langsam, und ein geheimnisvoller Raum kam zum Vorschein.

Im Inneren des Raums lag ein wunderschöner, alter Schatz – verziert mit Gold, Juwelen und vielen alten Artefakten. In der Mitte des Schatzes stand eine kleine, vergoldete Kiste.

Die Brüder öffneten die Kiste und fanden darin ein weiteres Rätsel, das in der alten Schrift verfasst war. Die Nachricht lautete:

„Der wahre Schatz ist nicht Gold, sondern das Abenteuer, das ihr erlebt habt. Nehmt diesen Schlüssel als Erinnerung und teilt eure Geschichten, um den nächsten Abenteurern Mut zu machen."

***

Die Entdeckung der sprechenden Tiere

Der nächste Morgen war wieder sonnig und warm. Nach einem ausgiebigen Frühstück im Garten machten sich Jonas, Anton und Niklas mit Tante Anna auf den Weg zum Dschungel, um weitere Entdeckungen zu machen. Die Kinder waren voller Vorfreude und konnten kaum abwarten, was der Dschungel noch bereithielt.

„Wir haben schon so viele spannende Dinge gefunden," sagte Jonas aufgeregt. „Ich frage mich, was heute auf uns wartet."

„Ich habe gehört, dass es im Dschungel einige sehr ungewöhnliche Tiere gibt," sagte Tante Anna lächelnd. „Vielleicht begegnen wir ja einem von ihnen."

Sie gingen den gewohnten Pfad entlang, der sie tiefer in den Dschungel führte. Die Geräusche der Natur waren überall zu hören: das Rauschen der Blätter, das Zwitschern der Vögel und das leise Rascheln der Tiere im Unterholz. Plötzlich hörten sie ein leises, melodisches Singen.

„Hört ihr das?" fragte Jonas und blieb stehen.

„Ja, es klingt wie eine Art Musik," sagte Niklas, während sie dem Geräusch folgten. Das Singen führte sie zu einer Lichtung, die von hohen Bäumen und leuchtenden Blumen umgeben war. In der Mitte der Lichtung standen eine Gruppe von Tieren, die in einem Kreis tanzten und sangen.

„Schaut mal, das sind sprechende Tiere!" rief Anton erstaunt. Die Tiere waren bunte Vögel, ein freundlicher Affe und ein kluges Krokodil.

„Willkommen, Abenteurer!" sagte der Affe fröhlich und schwenkte seine Arme. „Wir haben schon viel von euch gehört."

„Das sind die Tiere des Dschungels," erklärte Tante Anna. „Es ist ungewöhnlich, dass sie sprechen, aber in dieser besonderen Ecke des Dschungels ist alles möglich."

„Wir sind so froh, euch zu treffen!" sagte das Krokodil mit einer sanften Stimme. „Wir haben von euren Abenteuern gehört und möchten euch danken, dass ihr die Geheimnisse des Dschungels entdeckt habt."

„Wie können wir euch helfen?" fragte Niklas höflich.

„Es gibt ein Problem," erklärte das Krokodil. „Der Fluss, der durch den Dschungel fließt, ist durch einen umgestürzten Baum blockiert. Dadurch können wir die Wasserquelle nicht erreichen."

„Das klingt nach einer Herausforderung," sagte Jonas. „Was können wir tun, um zu helfen?"

„Wir könnten eure Hilfe gebrauchen," sagte der Affe. „Wir wissen, dass ihr mutig und klug seid. Vielleicht könnt ihr den Baum beiseite räumen und den Fluss wieder freilegen."

Die Kinder stimmten zu, und zusammen mit den Tieren machten sie sich auf den Weg zum Fluss. Der Weg war etwas schwierig, da die Vegetation dicht und das Gelände uneben war. Schließlich erreichten sie den Fluss, der durch den umgestürzten Baum blockiert war.

„Lasst uns anpacken," sagte Niklas und begann, die Äste und Zweige zu entfernen.

Die Brüder arbeiteten hart, schoben, zogen und schichteten die Äste beiseite. Mit jedem Handgriff wurde der Fluss klarer. Schließlich, nach einiger Zeit, war der Fluss wieder frei und das Wasser floss wieder in seinem gewohnten Lauf.

„Das habt ihr großartig gemacht!" rief das Krokodil erfreut. „Vielen Dank!"

„Es war eine tolle Erfahrung,“ sagte Jonas. „Wir sind froh, dass wir helfen konnten.“

Der Dschungel hatte ihnen erneut gezeigt, wie aufregend und voller Überraschungen er sein konnte.

***

Das Fest der Dschungeltiere

Der nächste Tag begann mit einer frischen Brise und einem strahlend blauen Himmel. Nachdem die Kinder und Tante Anna den Fluss wieder freigemacht hatten, waren sie gespannt auf die nächste Überraschung des Dschungels.

„Ich habe von einem besonderen Fest gehört, das die Tiere des Dschungels jährlich feiern," sagte Tante Anna, während sie das Frühstück vorbereitete. „Vielleicht dürfen wir daran teilnehmen."

Nachdem sie sich für den Tag fertig gemacht hatten, machten sich die Brüder und Tante Anna auf den Weg zur Lichtung, wo das Fest stattfinden sollte. Der Dschungel war voller Vorbereitungen: Bunte Laternen wurden aufgehängt, und fröhliche Musik klang aus der Ferne.

„Schaut mal, wie schön alles geschmückt ist!" rief Anton. „Es sieht aus wie ein riesiges Partyzelt aus Lichtern und Blumen."

„Ja, das ist wirklich beeindruckend," stimmte Jonas zu. „Ich bin gespannt auf die Feier."

Als sie die Lichtung erreichten, wurden sie von den Tieren herzlich begrüßt. Der Affe, das Krokodil und die anderen Dschungelbewohner begrüßten sie mit offenen Armen.

„Willkommen zum Fest!" rief der Affe. „Wir haben euch erwartet!"

Die Kinder wurden zu einer festlich gedeckten Tafel geführt, die mit leckeren Speisen gefüllt war. Es gab exotische Früchte, duftende Gebäckstücke und erfrischende Getränke. Die Tiere tanzten und sangen fröhliche Lieder.

„Wir haben einen besonderen Platz für euch reserviert,“ sagte das Krokodil freundlich. „Euer Beitrag hat uns sehr geholfen, und wir möchten euch danken.“

Die Kinder nahmen ihre Plätze ein und genossen das köstliche Essen. Die Atmosphäre war voller Freude und Harmonie. Die Musik der Tiere war lebhaft, und die Tänze waren eine fröhliche Mischung aus Sprüngen und rhythmischen Bewegungen.

„Ich auch,“ sagte Anton und biss in ein Stück frisches Obst. „Es macht so viel Spaß, hier zu sein.“

Am Abend, als die Sonne unterging und der Himmel in warmen Farben erstrahlte, wurde ein großes Feuer entfacht. Die Kinder saßen zusammen mit den Tieren um das Feuer und hörten den Geschichten und Legenden des Dschungels zu.

Als die Feier zu Ende ging, dankten die Kinder den Tieren für das unvergessliche Fest. Die Tiere verabschiedeten sich herzlich und wünschten den Brüdern und Tante Anna eine gute Nacht.

„Das war ein wirklich besonderer Tag," sagte Jonas, als sie zurück zum Haus gingen. „Ich werde mich immer an das Fest der Dschungeltiere erinnern."

***

Abschied vom Dschungel

Der letzte Morgen ihres Dschungelabenteuers war angebrochen. Die Sonne schien sanft auf das Haus von Tante Anna, und der Dschungel erwachte langsam zum Leben. Die Kinder hatten bereits ihre Koffer gepackt und bereiteten sich darauf vor, sich von ihrem aufregenden Urlaub zu verabschieden.

Tante Anna lächelte und schlang ihre Arme um die Kinder.

„Es war mir eine Freude, euch hier zu haben. Ihr habt so viel erlebt und so viel dazu beigetragen, den Dschungel noch schöner zu machen."

„Danke, Tante Anna," sagte Jonas. „Das war das beste Abenteuer, das wir je hatten."

Nachdem sie ihre Koffer verstaut hatten, machten sie sich auf den Weg zum Abschied von den Tieren des Dschungels. Die Tiere hatten ein kleines Abschiedsfest vorbereitet, um sich von ihren neuen Freunden zu verabschieden.

„Wir werden euch vermissen!" rief der Affe, während er die Brüder umarmte. „Ihr habt so viel Gutes für unseren Dschungel getan."

„Ja, es war wunderbar, euch kennenzulernen," sagte das Krokodil. „Ihr seid immer willkommen."

Die Kinder verabschiedeten sich von den Tieren und versprachen, ihre Abenteuer und die Geschichten des

Dschungels zu erzählen. Die Tiere schenkten jedem Kind ein kleines Andenken als Erinnerung an die gemeinsamen Erlebnisse.

Mit einem letzten Blick auf den Dschungel stiegen die Brüder und Tante Anna in das Auto, das sie zum Flughafen bringen würde.

Die Kinder waren voller Erinnerungen an ihre Reise. Sie hatten neue Freunde gefunden, Geheimnisse gelüftet und ein Abenteuer erlebt, das sie nie vergessen würden.

„Wir haben so viel gelernt und erlebt," sagte Jonas, während sie sich anschnallten. „Ich hoffe, wir können bald wieder ein neues Abenteuer erleben."

***